EIN ILLUSTRIERTES HANDBUCH ZU MEHR SELBSTDISZIPLIN

50 Gewohnheiten für mehr Selbstkontrolle, Erfolg und Zufriedenheit in deinem Leben

Martin Meadows

INHALT

VORWORT

Dies ist kein typisches Selbsthilfebuch.

Du sollst es nicht einfach nur lesen und dann in irgendeiner Ecke verstauben lassen. Dieses Buch ist vielmehr dazu gedacht, dass du dich täglich davon inspirieren lässt. Es soll dir auf unterhaltsame, lebhafte Weise zeigen, wie du dir durch starke Gewohnheiten Selbstdisziplin aneignen kannst. Du kannst gleich damit anfangen, diese Gewohnheiten in deinem täglichen Leben zu entwickeln.

Jede Illustration enthält eine Katze oder einen Hund. Zweifelsohne sind Haustiere putzig, aber das ist nicht der Grund, warum sie auf jeder Seite erscheinen. Sie sollen vielmehr unseren Alltag symbolisieren.

Die Katze steht dabei für das Alltägliche bzw. Schwierigkeiten. Damit sind Hindernisse gemeint, die dir im Weg stehen: Menschen, die dich auslachen, weil du dich bemühst, oder nicht an dich glauben bzw. ihre eigene beschränkte Sichtweise auf dich projizieren. Außerdem steht die Katze für die alltäglichen Ängste und Sorgen. (Ich entschuldige mich an dieser Stelle bei allen Katzenliebhabern, aber ein Hund könnte diese Rolle nicht übernehmen.)

Der Hund steht für Begeisterung, Inspiration und Energie. Wenn alles so läuft, wie es soll, du „im Fluss“ bist, voller Motivation und andere Menschen deine Vision teilen und dich unterstützen.
Unser unvollkommenes Leben besteht aus einem Zusammenspiel

zwischen „Katzen"- und „Hunde"-Momenten. Ein stetiges Auf und Ab. Erfolg und Misserfolg. Momente, an die wir uns gern erinnern, und eintönige Betriebsamkeit. Inmitten all dessen musst du deine hingebungsvolle Selbstdisziplin jeden Tag unter Beweis stellen. Denn nur so kannst du einen Wandel in deinem Leben herbeiführen, der zu mehr Erfolg und Erfüllung führt.

Bevor du nun umblätterst, möchte ich dich um eine Sache bitten: Probiere wenigstens zehn Gewohnheiten aus diesem Buch aus.

Wenn du mit einem Fitnesstrainer zusammenarbeitest, triffst du dich nicht nur, um zu reden. Du machst die Übungen und hältst dich an den empfohlenen Ernährungsplan.

Behandle dieses Buch ganz genauso. Wähle eine Gewohnheit aus und befolge sie ein paar Wochen lang. Wenn du mit den Veränderungen, die sich dadurch einstellen, zufrieden bist, behältst du sie bei und wählst eine weitere Gewohnheit aus.

Bitte sprich mit deinem Arzt, bevor du einige der in diesem Buch vorgestellten Gewohnheiten ausprobierst. Sicherheit sollte stets an erster Stelle stehen. Ich bin KEIN ausgebildeter Arzt, Psychotherapeut oder anderweitig akkreditierter Experte. Alle Gewohnheiten in diesem Buch dienen ausschließlich Motivations- und Informationszwecken.

GEWOHNHEIT NR. 1: EINE GEWOHNHEIT FÜR ALLE. FÜHRE ÜBER DEINE GEWOHNHEITEN BUCH.

Alle übrigen Gewohnheiten in diesem Buch sind wie Häppchen auf einem Buffet – nimm, was immer du magst, ganz gleich, in welcher Reihenfolge. Die erste Gewohnheit ist jedoch gewissermaßen der Preis, den du bezahlen musst, um dich am Buffet bedienen zu dürfen.

Erstelle ein System, mit dem du deine Gewohnheiten sichtbar machen kannst, was du tust und wie oft du es tust. Allerdings solltest du deine Gewohnheiten nicht nur im Kopf nachverfolgen. Wenn du sie nicht aufschreibst, fühlen sie sich auch nicht echt an. Ich kann das gar nicht genug betonen: Du benötigst unbedingt ein System, mit dem du deine Gewohnheiten nachvollziehen kannst. Nur so kannst du dir neue Gewohnheiten aneignen.

Dein System muss dabei nicht sonderlich kompliziert sein. Ich verwende beispielsweise eine einfache Tabelle im Computer und markiere jeden Tag bzw. jede Woche, in der ich einer Gewohnheit nachgehe, mit einem „X“. Du kannst dafür auch eine App auf deinem Telefon verwenden oder ein herkömmliches Tagebuch. Für welches System du dich auch entscheidest, nutze es jeden Tag.

Definiere deine Gewohnheiten auf spezifische, messbare Weise, beispielsweise so: „Ich laufe dreimal pro Woche 30 Minuten lang“ oder „Ich spare jede Woche 50 EUR“.

MEINE GEWOHNHEITEN
MONTAG
DIENSTAG
MITTWOCH
PROTEIN TAG
30 MIN LAUFEN
KALT DUSCHEN
DONNERSTAG
SAMSTAG
PROTEIN TAG
30 MIN LAUFEN
PROTEIN TAG
KALT DUSCHEN

GEWOHNHEIT NR. 2: VORBEREITUNG IST ALLES. SCHAFFE EIN FESTES MORGENRITUAL.

Ein Morgenritual ist eine feste Routine, nach der du jeden Morgen gestaltest. Diese Routine hilft dir, mit dem richtigen Fuß in den Tag zu starten. ***Das Ziel dabei ist, dass du dein Energieniveau steigerst, Inspiration findest und dich auf die vor dir liegenden Aufgaben einstellen kannst.***

Dazu kann ein kurzes Workout gehören (Liegestütze, Hampelmann, Kniebeugen, Liegestützsprünge – Übungen, die die Blutzirkulation verbessern) sowie Atemübungen. Oder du planst kurz die wichtigsten Aufgaben des Tages bzw. visualisierst dein Ziel, das du am Ende des Tages erreicht haben möchtest. Nimm dir einen Augenblick Zeit und bring deine Dankbarkeit zum Ausdruck und überdenke kurz deine langfristigen Pläne.

Wie auch immer deine Morgenroutine aussieht, achte darauf, dass sie gute Gedanken in dir erzeugt, zu mehr Disziplin führt und du sie auf ein bestimmtes Ziel ausrichtest.

GEWOHNHEIT NR. 3: IN MASSEN ODER VÖLLIGE ABSTINENZ? ERKENNE DEINE ART VON SELBSTDISZIPLIN.

Die Bestsellerschriftstellerin Gretchen Rubin beschreibt zwei Arten von Menschen: jene, die in Maßen genießen können, und die Abstinenzler. Die erste Gruppe kann ihre Vorsätze besser umsetzen, wenn sie sich eine gelegentliche Belohnung gönnt. Im Gegensatz dazu müssen sich Abstinenzler zu einhundert Prozent verpflichten, ohne eine einzige Ausnahme, da sie nicht in Maßen genießen können.

Nehmen wir einmal an, du möchtest abnehmen und weißt, dass selbst eine kleine Kugel Eis dazu führt, dass du ohne Sinn und Verstand sämtliches Eis in deiner Nähe vertilgen musst. Dann solltest du die Strategie eines Abstinenzlers verfolgen. Du musst Eis von deinem Speiseplan streichen – ausnahmslos.

Wenn du jedoch den Verstand verlierst, wenn du dich nicht von Zeit zu Zeit mit einer Kugel Eis belohnen darfst – und wir sprechen hier tatsächlich von nur einer Kugel Eis alle zwei Wochen – dann gehörst du zu der Gruppe, die in Maßen genießen kann. In diesem Fall brauchst du von Zeit zu Zeit eine Belohnung, um dauerhaft erfolgreich zu sein.

Wenn du dir neue Gewohnheiten aneignen möchtest, solltest du deine individuelle Herangehensweise bestimmen und Regeln aufstellen, die dir helfen, dein Ziel zu erreichen. Wie die erste Gewohnheit – „Führe über deine Gewohnheiten Buch" – ist auch diese eine sogenannte Meta-Gewohnheit, die dir dabei hilft, neue Routinen zu entwickeln.

GEWOHNHEIT NR. 4: BLEIBE RUHIG, GELASSEN UND BEWAHRE EINEN KÜHLEN KOPF. HEISSE UNANNEHMLICHKEITEN WILLKOMMEN.

Ärgere dich nicht länger über Unannehmlichkeiten. Heiße sie vielmehr in deinem Leben willkommen und sage: „Jetzt kann ich..." Sieh das Gute in dieser Situation. ***Bleibe ruhig und gelassen und bewahre einen kühlen Kopf. Auf diese Weise entwickelst du die Fähigkeit, auch unter Druck diszipliniert zu bleiben.***

Stell dir beispielsweise vor, du stehst in einer langen Schlange und musst warten. Dann kannst du sagen: „Wunderbar, jetzt kann ich meine Geduld trainieren." Oder es fängt just in dem Moment zu regnen an, in dem du dich gerade angezogen hast, um zu joggen. Sieh darin eine Chance: „Prima, jetzt stärke ich nicht nur meinen Körper, sondern ebenso meine mentale Standhaftigkeit."

Diese Fähigkeit kannst du weiter trainieren, indem du dich bewusst kleineren Unannehmlichkeiten aussetzt. Auf diese Weise lernst du, in unfreiwilligen, unangenehmen Situationen besser zurechtzukommen. Sei beispielsweise überpünktlich bei einem Termin und stelle dir vor, die andere Person käme zu spät. ***Wie kannst du deine wachsende Ungeduld kontrollieren? Welche guten Seiten birgt diese Situation?***

GEWOHNHEIT NR. 5: NÄHRE DEINEN KÖRPER. ISS EINE ORDENTLICHE PORTION GEMÜSE.

Unsere Gesundheit gehört zu den wichtigsten Dingen in diesem Leben. Und doch halten sich nur sehr wenige Menschen an die wichtigste grundlegende Ernährungsregel, mit der sich das persönliche Wohlbefinden und im weiteren Verlauf auch die Leistungsfähigkeit in sämtlichen Lebensbereichen verbessern ließe.

Diese Regel besagt, dass wir jeden Tag Gemüse essen sollten. Gemüse enthält reichlich Nährstoffe und verfügt im Gegensatz zu industriell verarbeiteten Lebensmittel nur über wenige Kalorien. Außerdem sättigt es lang anhaltend. Gemüse verleiht dem Körper die nötige Energie, trägt dazu bei, dass wir ein gesundes Körpergewicht halten und kann das Risiko für Gesundheitsbeschwerden senken.

Mit dem Verzehr von 250 bis 500 g Gemüse täglich eignest du dir eine wirkungsvolle Gewohnheit an, die sich positiv auf deine Gesundheit und sämtliche Bereiche deines Lebens auswirken wird.

GEWOHNHEIT NR. 6: STÄRKE DEINEN GEIST. SEI DANKBAR.

Du kannst unglaublich erfolgreich sein und dich doch hundeelend fühlen, wenn du eine wichtige Gewohnheit nicht besitzt: Dankbarkeit. Menschen, die dankbar sind für das, was sie haben – ganz gleich, wie wenig es auch sein mag – sind glücklicher und führen ein erfüllteres Leben als andere.

Bewahre dir stets eine positive Einstellung und schule so deine Willenskraft. Optimismus entsteht nämlich aus der Konditionierung des eigenen Geistes. Es liegt an dir. ***Du allein entscheidest, ob du negativen Gedanken nachhängst oder selbst in schwierigen Zeiten dankbar bist.***

Nimm dir jeden Tag ein, zwei Minuten Zeit und bring deine Dankbarkeit zum Ausdruck. Wenn du dies regelmäßig tust, führt dies zu einer Veränderung in deinem Gehirn. Mit der Zeit konzentrierst du dich mehr auf die Dinge, die positiv sind, und weniger auf das, was gerade nicht so gut läuft. Diese Gewohnheit befähigt dich, deine Ziele zu erreichen und ungeachtet von Hindernissen, die unweigerlich auftauchen werden, ausdauernd zu bleiben.

GEWOHNHEIT NR. 7: STÄRKE DEIN SELBSTVERTRAUEN. SPRICH IN DER ÖFFENTLICHKEIT.

Viele Menschen fühlen sich unwohl, um es vorsichtig auszudrücken, wenn von ihnen erwartet wird, dass sie vor vielen Menschen eine Rede halten. Und genau aus diesem Grund sind Reden in der Öffentlichkeit ein gutes Training auf deinem Weg zu mehr Selbstdisziplin.

Du lernst, wie du in einer stressigen Situation Haltung bewahrst. Dadurch steigerst du deine emotionale Kontrolle und kannst besser mit Versuchungen und Impulsen umgehen. ***Reden in der Öffentlichkeit stärken darüber hinaus dein Selbstvertrauen sowie deine Führungsqualitäten.***

Dies wirkt sich in hohem Maße auf deine Selbstdisziplin aus. Dir wird bewusst, dass es sich lohnt, unangenehme Situationen im Leben willkommen zu heißen. Vielleicht befindet sich in deiner Nähe ein Toastmasters Club (ein Redeclub), dem du dich anschließen kannst, oder du meldest dich freiwillig für eine öffentliche Rede an deinem Arbeitsplatz. ***Nutze auch jede sich bietende Möglichkeit in deinem privaten Umfeld und übe vor einer Gruppe zu sprechen.***

GEWOHNHEIT NR. 8: WERDE ZUM PRODUZENTEN. ERSCHAFFE MEHR, ALS DU VERBRAUCHST.

Arbeit bedarf Selbstdisziplin, während Konsum Luxus ist. Beides hat seine Berechtigung im Leben. Doch du wirst nur wachsen und glücklich sein, wenn du danach strebst, mehr zu produzieren, als du konsumieren kannst. Dies wirkt sich nicht nur positiv auf deine finanzielle Situation aus, sondern trägt auch zu persönlicher Erfüllung im Leben bei.

Gib dein Bestes und suche nicht nach Abkürzungen im Leben. Teile deine Arbeit mit der Welt. Melde dich freiwillig als Führungskraft. Organisiere Veranstaltungen und Partys. Mache Menschen miteinander bekannt. Gib gut durchdachte, wertvolle Ratschläge. ***Biete Hilfe und Unterstützung an.***

Konzentriere dich darauf, Mehrwert zu schaffen, und du wirst zu einem professionellen Wertschaffenden und Problemlöser. Dadurch stärkst du deinen Einfallsreichtum. Diese Eigenschaft wird dir dabei helfen, deine eigenen Ziele im Leben zu erreichen.

GEWOHNHEIT NR. 9: SCHIEBE DINGE NICHT LÄNGER AUF. ERLEDIGE SIE JETZT.

Schiebe unangenehme Aufgaben nicht ständig auf. Dadurch lernst du nämlich, deine Prioritäten auf kurzzeitige, unbedeutende Belohnungen zu setzen. Doch das ist genau das Gegenteil von dem, was du eigentlich anstrebst auf deinem Weg zu mehr Disziplin.

Dinge aufzuschieben sichert dir etwas Vergnügen heute. Doch der Preis dafür ist hoch: Du verlierst nämlich einen nachhaltigeren Nutzen morgen. Wenn du heute deine Lieblingssendung im Fernsehen anschaust, obwohl du eine wichtige Präsentation zusammenstellen müsstest, nimmst du in Kauf, deine Arbeit morgen unter größerem Stress auf den letzten Drücker fertigzustellen.

Werde hellhörig bei dem Gedanken: Das erledige ich später. Erliege nicht der Versuchung, sondern mach dich ans Werk. Ganz gleich, wie verlockend eine Sache heute aussieht, Dinge aufzuschieben sorgt unweigerlich für mehr Unannehmlichkeiten in der Zukunft. Trainiere diese Gewohnheit und schon bald erledigst du unliebsame und unangenehme Aufgaben sofort und kannst danach einen angenehmen, positiven und vielversprechenden Tag genießen.

GEWOHNHEIT NR. 10: HALTE ORDNUNG. MACH DEIN BETT.

In seiner Eröffnungsrede an der Universität Texas in Austin im Jahr 2014 sagte Admiral William H. McRaven: „Wenn Sie Ihr Bett jeden Morgen machen, haben Sie die erste Aufgabe des Tages bereits erledigt. Dies macht Sie ein wenig Stolz und ermutigt Sie, alle übrigen Tagesaufgaben eine nach der anderen zu erledigen. Am Ende des Tages ist aus dieser einen erledigten Aufgabe eine ganze Reihe erledigter Aufgaben geworden."

Nutze die Chance zu mehr Gewissenhaftigkeit und mach jeden Morgen dein Bett. Du lernst dadurch, Nachlässigkeiten nicht zuzulassen und nach hohen Standards zu leben. Dies wirkt sich auch auf dein Verhalten den restlichen Tag über aus.

GEWOHNHEIT NR. 11: MERZE NEGATIVITÄT AUS. HÖR AUF, DICH ZU BESCHWEREN.

Ständige Beschwerden sind nichts weiter als ein Zeichen geistiger Faulheit: Anstatt unproduktiven, negativen Gedanken Einhalt zu gebieten, entscheidest du dich dafür, in ihnen zu schwelgen. Dadurch ändert sich jedoch gar nichts, du ruinierst nur deine Stimmung.

Nutze daher jede Situation, über die du dich beschweren möchtest, als Gelegenheit deine Willenskraft zu trainieren. ***Ändere deinen Fokus und konzentriere dich auf etwas Positives.*** Ist das Wetter schlecht, freue dich, dass du ein Dach über dem Kopf hast. Musst du bereits 30 Minuten auf dein Essen warten, freue dich, dass du genug Geld hast, um essen gehen zu können.

Zusätzlich solltest du deine Zeit nicht damit verschwenden, dich über wiederkehrende nervige Situationen zu beschweren. Denke stattdessen über mögliche Lösungsansätze nach. Bist du es beispielsweise leid, ständig zur Arbeit zu pendeln, überlege dir, ob es an der Zeit ist umzuziehen, von zu Hause aus zu arbeiten oder dir eine neue Stelle zu suchen.

Die Umwandlung von Beschwerden in produktive Gedanken trägt dazu bei, dass sich deine mentale Disziplin verbessert und du nach Lösungen suchst, anstatt deine negative Einstellung zur Schau zu stellen.

GEWOHNHEIT NR. 12: ÜBUNG MACHT DEN MEISTER. SETZE DIR EINE GROSSE HERAUSFORDERUNG.

Herausforderungen sind die Modellierwerkzeuge für Selbstdisziplin. Wenn du ein großes, herausforderndes Ziel erreichen möchtest, wächst du in diesem Bereich über dich hinaus und verbesserst deine Disziplin dieses spezielle Ziel betreffend. Das wirkt sich auch auf andere Bereiche deines Lebens aus.

Erfolg führt zu mehr Erfolg. Jede Herausforderung, der du dich stellst, bietet dir wertvolle Erfahrungen, die dir bei künftigen Projekten von Nutzen sein werden. Stelle dich regelmäßig einer großen Herausforderung. Hier sind einige Beispiele:

- Laufe, schwimme, walke oder fahre eine lange Strecke innerhalb einer festgesetzten Zeit mit dem Rad, beispielsweise 1000 km innerhalb von drei Monaten.

- Leg fest, wie oft du eine bestimmte Übung in einer festgelegten Zeit wiederholen möchtest, beispielsweise 1000 Liegestütze in einem Monat.

- Sammle im Laufe des Jahres 50.000 EUR für eine gemeinnützige Organisation.

- Lerne eine Fremdsprache innerhalb von zwei Jahren fließend zu sprechen.

- Eigne dir als langfristiges Ziel jede beliebige Fähigkeit an.

032

GEWOHNHEIT NR. 13: LEBE NACH DEINEN REGELN. BESTIMME, WAS NICHT VERHANDELBAR IST.

Diszipliniere dich, indem du Regeln aufstellst, die du unter keinen Umständen verletzen darfst. Klare, unmissverständliche Regeln dienen als Schutz vor Entscheidungen aus einem Impuls heraus, mit denen du deine Zukunft aufs Spiel setzt.

So könnte eine nicht verhandelbare Regeln lauten, dass du es dir nicht zu leicht machen darfst. Jede Woche musst du dich also einer Herausforderung stellen, vor der du Angst hast, die dir alles abverlangt oder dir auf andere Weise hilft zu wachsen. Diese Regel bewahrt dich davor, dich auf deinen Lorbeeren auszuruhen und über kurz oder lang deine Selbstdisziplin zu verlieren.

Mach dir beim Aufstellen deiner nicht verhandelbaren Regeln auch Gedanken darüber, ob du dein Leben nach diesen Regeln ausgerichtet hast. Falls du Unstimmigkeiten feststellst, ziehe daraus deine Motivation und nimm die nötigen Änderungen vor. Deine Lebensweise sollte stets deine wichtigsten Grundsätze widerspiegeln.

Einer dieser unverrückbaren Grundsätze könnte sein, dass du alles in deiner Macht Stehende tun wirst, um für deine Familie zu sorgen. Würde dazu nicht auch gehören, dass du endlich die letzten paar überschüssigen Pfunde los wirst?

Eine Regel könnte lauten, dass dir Freizeit wichtiger ist als materielle Güter. Würde es dann nicht Sinn machen, die eigene Produktivität zu steigern, sodass du mehr Zeit mit deinen Lieben verbringen kannst?

Meine
Regeln

GEWOHNHEIT NR. 14: INSPIRIERE DICH JEDEN TAG AUFS NEUE. SCHAFFE DIR OPTISCHE ERINNERUNGEN.

Fortdauernde Motivation stellt sich nur ein, wenn du dich jeden Tag aufs Neue deinen Zielen verpflichtet fühlst. Am besten gelingt dies durch optische Erinnerungen: Bilder, Videos, Zitate, Dinge oder Musik, die dich daran erinnern, warum du dir ein bestimmtes Ziel gesetzt hast.

Hier sind ein paar Ideen:

1. Stelle ein Bild, das deine Traumzukunft symbolisiert, als Hintergrundbild auf deinem Tablet oder Smartphone ein.

2. Hänge ein Bild von deinem gewünschten Ziel irgendwo auf, wo du es mehrmals täglich sehen kannst (beispielsweise an den Kühlschrank).

3. Drucke inspirierende Bilder und Zitate aus und hänge sie an deine Pinnwand über deinem Schreibtisch.

4. Lass dich täglich von deinem Telefon mit einer ermutigenden Nachricht erinnern: „Ich kann mich gesund ernähren", „Ich bin jederzeit fröhlich", „Ich treffe Entscheidungen, die sich positiv auf meine Zukunft auswirken".

5. Stelle einen kleinen Gegenstand auf deinen Nachttisch, der dich daran erinnert, welchen Aspekt deines Lebens du mit dem gewünschten Ziel ändern möchtest. Eine kleine Uhr könnte beispielsweise dafür stehen, dass du unbeirrbar deine Geschäftsidee verfolgst, weil du eines Tages nicht mehr früh am Morgen von deinem Wecker geweckt werden willst.

HALTE INNE
NICHT DIE KATZE FÜTTERN!!!
EIN WAHRER HELD WIRD NICHT AN DER GRÖßE SEINER KRAFT GEMESSEN, SONDERN AN DER KRAFT SEINES HERZENS. HERKULES

GEWOHNHEIT NR. 15: ERWEITERE DEINEN HORIZONT. LIES BÜCHER.

Wenn du dich mit Interviews beschäftigst, die mit einigen der erfolgreichsten Menschen geführt wurden, wirst du feststellen, ***dass sie allesamt sehr belesen sind bzw. waren.***

Wer Bücher liest – ganz gleich, ob Novellen, Autobiographien oder ein Selbsthilfebuch – erweitert seinen Horizont. ***Mit neuen Perspektiven forderst du bestehende Ansichten heraus und heißt eine neue Sicht auf das Leben willkommen.***

Durch regelmäßiges Lesen zeigst du außerdem, dass du dich ständig weiterbilden möchtest. Dies zeichnet erfolgreiche Person ebenfalls aus.

Ich persönlich empfehle dir, Autobiographien von Menschen zu lesen, die du bewunderst. So gewinnst du schnell tiefe Einblicke in deren Denkweisen und kannst deren Ideen auf dein eigenes Leben übertragen.

Martin Meadows
EIN ILLUSTRIERTES

GEWOHNHEIT NR. 16: NUR MUT. STELLE DICH DEINEN ÄNGSTEN.

Stelle dich bewusst deinen Ängsten. Du trainierst damit deine Willensstärke auf die gleiche Weise, wie in Situationen, in denen du absichtlich kleinere Unannehmlichkeiten suchst und dich ungeachtet von Frustrationen entscheidest, ruhig zu bleiben. ***Letztendlich geht es bei all diesen Übungen darum, dass du dich an Unbehagen – in diesem Falle Angst – gewöhnst und dich abhärtest für Zeiten, in denen Hindernisse auftauchen.***

Ermittle, was dir Angst macht und stelle dich von Zeit zu Zeit diesen Ängsten, sodass du an Willensstärke und Mut gewinnst. Tue dies in einer sicheren Umgebung. Es geht nicht darum, dass du deine Angst vor Schlangen überwindest, indem du dich ganz allein aufmachst und durch den Amazonas-Regenwald wanderst. ***Überlege dir Möglichkeiten, wie du deine Ängste in einer sicheren, kontrollierten Umgebung abbauen kannst.***

GEWOHNHEIT NR. 17: MACHE HUNGER ZU DEINEM FREUND. ÜBE DICH IM INTERVALLFASTEN.

Beim Intervallfasten nimmst du mindestens 14 bis 16 Stunden lang keine Nahrung zu dir. Auch dies ist Übung, mit der du lernst, mit selbst verursachten unangenehmen Situationen zurechtzukommen. ***Du testest deine Willensstärke, wenn du dich bewusst Hunger aussetzt.***

Es geht dabei jedoch um viel mehr als nur deine Willensstärke. Fasten ist gesund und bietet zahlreiche Vorzüge, wie Wissenschaftler bestätigen. ***Durch Fasten gewinnst du außerdem an Flexibilität.*** Wenn du es schaffst, für eine längere Zeit ohne Essen auszukommen, musst du deinen Tagesplan nicht um deine Mahlzeiten herum planen.

Am einfachsten setzt du Intervallfasten in die Tat um, indem du das Frühstück auslässt. Du kannst auch einige Stunden vor dem Zubettgehen aufhören zu essen oder für dich einen Zeitrahmen setzen, in dem du essen möchtest, beispielsweise ausschließlich zwischen 11:00 und 19:00 Uhr. Bist du bereit für eine noch größere Herausforderung? Dann faste 24 Stunden oder länger.

THE VARSITY TEAM VICTORI
OVER THE AUGUSTA
ATHLETIC ASSOCIATION BY

GEWOHNHEIT NR. 18: BEKÄMPFE ABLENKUNGEN. MEDITIERE.

Ablenkungen sind in unserer schnelllebigen Welt im Überfluss vorhanden. Es ist ein ständiger Kampf, seine Konzentration aufrechtzuerhalten. Doch damit nicht genug: Es ist darüber hinaus fast unmöglich, diesem Strudel zu entgehen, da sich dein Smartphone stets in Reichweite befindet.

An dieser Stelle setzt Meditation an. ***Dabei geht es darum, dass du dich auf eine einzige Sache konzentrierst.*** Dafür musst du nicht einmal im Schneidersitz sitzen. Konzentriere dich auf deine Atmung, eine Kerzenflamme oder ein Lied bzw. darauf, den Tennisball zurückzuschlagen, einen Fuß vor den anderen zu setzen, den Boxsack für einen Trainingspartner festzuhalten, zu klettern, zu surfen, Tango zu tanzen, zu schreiben, zu malen – oder auf jede andere Aktivität, die deine volle Aufmerksamkeit erfordert.

Nimm dir regelmäßig Zeit für eine Meditation und verbessere deine Konzentrationsfähigkeit. Bald schon verfügst du über eine verbesserte Kontrolle über deinen Geist. Dies führt zu mehr Disziplin in allen Bereichen deines Lebens.

GEWOHNHEIT NR. 19: SEI EHRLICH. SAG DIE WAHRHEIT.

Ständig den einfachsten Weg zu wählen, bringt oftmals mehr Probleme als Nutzen mit sich. Nehmen wir zum Beispiel das Lügen. Zunächst erscheint es vielleicht einfacher, nicht die Wahrheit zu sagen, doch der Preis dafür ist hoch. ***Wird die Lüge enttarnt, geht Vertrauen verloren und dies zerstört mitunter die ganze Beziehung – und alles nur, weil du einer unangenehmen Situation aus dem Weg gehen wolltest.***

Manchmal tut es weh, die Wahrheit zu sagen. Doch solange du dabei freundlich bleibst, wissen die meisten Menschen deine Offenheit zu schätzen und bewundern dich dafür. ***Ehrlichkeit wirkt sich positiv auf deine Beziehungen aus. Und du behältst die Kontrolle, wenn es darum geht, Selbstdisziplin in deinem sozialen Umfeld auszuüben.***

GEWOHNHEIT NR. 20: HALTE DICH GERADE. ACHTE AUF DEINE KÖRPERHALTUNG.

Du kannst deine Willenskraft auf einfache Weise stärken, indem du weniger bedeutsame schlechte Angewohnheiten ablegst. Dazu zählt eine schlechte Körperhaltung: krummes Sitzen auf einem Stuhl, sich auf ein Bein stützen, mit gebeugtem Rücken am Computer sitzen, runde Schultern oder beim Telefonieren das Telefon unter das Ohr klemmen.

Mache dir deine Körperhaltung bewusst und korrigiere sie immer wieder. ***Das stärkt nicht nur deine Willenskraft, auch dein Rücken wird es dir danken.***

Als Erinnerung kannst du dir eine Haftnotiz in Augenhöhe auf den Türrahmen der Küche, des Schlafzimmers oder eines anderen Zimmers kleben, das du im Tagesverlauf häufig betrittst.

GEWOHNHEIT NR. 21: DU BESTIMMST SELBST, WIE DU DICH FÜHLST. ACHTE AUF DEINE GEISTIGE VERFASSUNG.

Deine Physiologie beeinflusst deine geistige Verfassung ganz erheblich.

Probiere es gleich einmal aus: Steh auf, setze ein breites Lächeln auf und fang an, auf und ab zu hüpfen. Schon fühlst du dich energiegeladen und glücklich. Jetzt lass die Schultern hängen, runzle die Stirn und starre mit angespanntem Rücken auf deine Füße. Du wirst merken, dass es in dieser Haltung deutlich schwieriger ist, fröhlich zu sein.

Es liegt nicht in deiner Macht, negative Ereignisse aus deinem Leben herauszuhalten. Du hast es allerdings sehr wohl in der Hand, wie du darauf reagierst. Niemand zwingt dich, dich schlecht zu fühlen. Schlechte Gefühle können manchmal ganz nützlich sein, aber sie sollten keinesfalls zum Normalfall werden.

Nutze negative Situationen als eine Chance, an deiner emotionalen Kontrolle zu arbeiten. ***Lächle. Denke an etwas, wofür du dankbar bist.*** Ändere deine Körpersprache, um dich besser zu fühlen. Strebe danach, ein heiterer Mensch zu sein, der andere unterstützt. Konzentriere dich darauf, dazu beizutragen, dass andere sich gut fühlen. Dann fühlst du dich auch gut.

Erstelle eine Liste und schreibe alles auf, was du tun kannst, damit es dir besser geht. Nutze diese Liste, wenn du dich schlecht fühlst, und setze einen Punkt in die Tat um. So kannst du dich selbst aufmuntern.

Eine Bemerkung am Rande: Wenn du der Meinung bist, dass du an Depressionen leidest, wende dich bitte an einen qualifizierten Therapeuten. Schiebe es nicht auf. Rufe jetzt an und vereinbare einen Termin. ***Du musst das nicht allein bewältigen.***

GEWOHNHEIT NR. 22: STEIGERE DEINE ENERGIE. STEHE FRÜH AUF.

Frühes Aufstehen wirkt sich auf zweierlei Weise positiv auf dein Leben aus. ***Zunächst einmal stärkst du deine Willenskraft.*** Es ist nicht einfach, Selbstdisziplin zu zeigen, obwohl du dich eigentlich noch im Halbschlaf befindest. ***Zweitens sicherst du dir als Frühaufsteher einen Vorsprung auf den Tag. Das hilft dir produktiver zu sein.***

Plane am Abend etwas Aufregendes oder Angenehmes, womit du am nächsten Morgen starten möchtest. Wer sich auf nichts am Morgen freuen kann, dem fällt das Aufstehen sehr schwer.

Plane beispielsweise, dass du in aller Ruhe eine Tasse Tee oder Kaffee genießen oder in den Sonnenaufgang laufen wirst, während du deine Lieblingsmusik hörst. Freue dich darauf, etwas Interessantes zu lernen, ein spannendes Buch zu lesen oder an einem aufregenden Projekt zu arbeiten.

Wenn du nicht zu den Frühaufstehern gehörst, erarbeite dir ein Morgenritual, das für dich funktioniert. ***Frühes Aufstehen ist nicht für jedermann, aber jeder profitiert von einem regelmäßigen, vorhersehbaren Tagesablauf.***

GEWOHNHEIT NR. 23: FÜHL DICH GUT IN HERAUSFORDERNDEN SITUATIONEN. DUSCHE KALT.

Teste und stärke deine Willenskraft ganz einfach in deinem Badezimmer. ***Drehe in der Dusche das kalte Wasser auf und genieße das prickelnde Gefühl auf deiner Haut.***

Mit kalten Duschen, obwohl warmes Wasser verfügbar wäre, bringst du dich selbst in eine unangenehme Situation. Dadurch lernst du, unliebsame Umstände zu tolerieren. Dies geschieht jedoch in einer sicheren Umgebung, aus der du jederzeit flüchten kannst, wenn du es nicht länger erträgst.

Auf diese Weise härtest du dich ab und verbesserst deine Fähigkeit, in den sauren Apfel zu beißen, wenn kurzzeitig schwierige Situationen auftauchen.

GEWOHNHEIT NR. 24: TUE ES TROTZDEM. AUCH WENN ES ÄTZEND IST.

In seinem Buch ***„Leben mit einem Navy Seal"*** zitiert der Autor Jess Itzler die folgende Aussage seines Trainers Navy Seal David Goggins: ***„Wenn etwas nicht ätzend ist, tun wir es nicht."***

Unangenehme Dinge zu erledigen ist eigentlich genau das Gegenteil von dem, was du normalerweise tun würdest. Allerdings unterscheidet genau das eine disziplinierte von einer willensschwachen Person.

Die natürliche Reaktion auf Schwierigkeiten und Hindernisse besteht in Ausreden und Ausweichmanövern. ***Wenn du jedoch vor unangenehmen Situationen wegläufst, beraubst du dich der Möglichkeit zu lernen, wie du Schwierigkeiten meistern kannst.***

Natürlich ist es einfacher und angenehmer, immer den leichten Weg zu gehen. Wachsen wirst du jedoch nur, wenn du Schwierigkeiten anpackst. Beispielsweise macht es Spaß zu joggen, wenn die äußeren Umstände ideal sind. ***Doch zu joggen, wenn es kalt, regnerisch, feucht oder auf andere Weise unangenehm ist, stärkt den Charakter in viel höherem Maße.***

Hab keine Angst davor, Schwierigkeiten zu suchen, gerade wenn du an deinen Zielen arbeitest. So lernst du am meisten. Oftmals bringt eine einzelne große Herausforderung mehr Erfolg, als sich wochenlang mit einfachen Dingen zu beschäftigen.

GEWOHNHEIT NR. 25: STÄRKE DEINE ENTSCHLOSSENHEIT. ERKENNE KLEINE ERFOLGE AN.

Wenn Entschlossenheit dafür sorgt, dass du deine Ziele mehr als nur erreichst, ist das Anerkennen deiner Erfolge der Kraftstoff für diese Reise. ***Menschen, die sich ihrer kleinen Erfolge nicht bewusst sind, erkennen meist nicht, dass sie Fortschritte machen und verlieren irgendwann die Motivation, ihren Weg weiterzuverfolgen.***

Du musst keine riesigen Erfolge einfahren, um dich über eine gut erledigte Aufgabe zu freuen. Für gewöhnlich sind es diese stetigen kleinen Erfolge, die am Ende zu einem großen Erfolg führen.

Wenn du eine Diät machst, freue dich, wenn du Gemüse gegessen, einen Smoothie getrunken oder ein ungesundes Gericht abgelehnt hast. Wenn du deine finanzielle Situation verbessern möchtest, fühle dich gut, wenn du an einem Tag 10 EUR beiseitelegen kannst oder deine Nebentätigkeit dir 100 EUR extra im Monat einbringt.

Erkenne deine kleinen Siege jeden Tag an. Wenn du auf deine Woche zurückblickst, vergiss nicht, dich über deine stetige Hingabe zu deinen Zielen zu freuen.

GEWOHNHEIT NR. 26: ÖFFNE DEINEN VERSTAND. ÜBE DICH IM BRAINSTORMING.

Schwarz-Weiß-Denkmuster beeinträchtigen deine Fähigkeit, Änderungen vorzunehmen. Wenn du der Überzeugung bist, dass es nur zwei Möglichkeiten gibt, entscheidest du dich wahrscheinlich dafür, alles so zu belassen, wie es jetzt ist. Wie das Sprichwort besagt: Besser den Spatz in der Hand, als die Taube auf dem Dach. Stelle deine Ansichten infrage und weigere dich, nur diese zwei Möglichkeiten zu sehen. Suche nach Alternativen, wie du dieses gefährliche Denkmuster durchbrechen kannst.

Viele Menschen sind beispielsweise der Überzeugung, dass es hinsichtlich ihrer unternehmerischen Visionen nur zwei Möglichkeiten gibt: entweder ein eigenes Unternehmen zu gründen und das Risiko einzugehen, alles zu verlieren, oder einen miserablen Job zu behalten und den Traum vom eigenen Unternehmen aufzugeben.

Jetzt stell dir vor, du weigertest dich in diesem Schwarz-Weiß-Denkmuster zu verharren. Und schon eröffnen sich dir weitere Möglichkeiten. Du könntest deinen Job behalten und jeden Morgen vor Arbeitsbeginn am Aufbau deines Unternehmens arbeiten. Oder du suchst dir einen Geschäftspartner, mit dem du die Verantwortlichkeiten teilen kannst. Du könntest auch deinen Chef fragen, ob ein Wechsel auf eine Teilzeitstelle möglich ist oder du mit einem Vertragswechsel Kapital aufbauen kannst, das dir den Einstieg in die Selbstständigkeit erleichtert.

Weigere dich, denkfaul zu sein. Es gibt immer eine dritte Möglichkeit und häufig sogar eine vierte, eine fünfte und eine sechste.

GEWOHNHEIT NR. 27: SCHAFFE PLATZ FÜR DAS, WAS WIRKLICH ZÄHLT. RÄUME AUF.

Unordnung im Haus ist nicht nur unschön anzusehen, sondern beeinträchtigt auch deine Konzentration. Ordnung zu halten erfordert Selbstdisziplin und ermöglicht dir, deine Willenskraft weiter zu stärken. ***Aufräumen ist außerdem eine gute Möglichkeit, deinen Geist von Ablenkungen zu befreien und deinen Fokus neu auszurichten.***

Entsorge abgetragene Kleidung, Geräte, die du nicht mehr verwendest, und andere Dinge, die du schon längst hättest wegwerfen sollen, beispielsweise alte Kartons oder abgelaufene Lebensmittel. ***Räume auch in deinen elektronischen Geräten auf.*** Halte nicht Dutzende von Tabs in deinem Internetbrowser geöffnet. Entferne unnötige Icons von deinem Desktop. Installiere nicht ständig neue Apps, nur weil sie gerade „in" sind.

Ermittle, welche Dinge nur wenig Bedeutung in deinem Leben haben, und reduziere diese auf ein absolutes Minimum. Ist dir ein gut gefüllter Kleiderschrank nicht so wichtig, vereinfache deine Garderobe und spende Kleidungsstücke, die du nur selten trägst.

Achte darauf, dass sich nicht ständig neue Unordnung bildet. Räume einmal in der Woche auf und entsorge regelmäßig die Dinge, die du nicht länger benötigst.

GEWOHNHEIT NR. 28: BEWAHRE DIR DEN SCHWUNG. MACHE STETS EINEN SCHRITT NACH VORN.

Oftmals ist der erste Schritt der schwerste. Halte die Maschine am Laufen, sobald sie in Gang gekommen ist. Mache es dir zur Gewohnheit, dass du stets – komme, was da wolle – wenigstens einen winzig kleinen Schritt unternimmst, der dich deinem Ziel näherbringt. Es ist völlig unrealistisch zu erwarten, dass du stets in Bestform und hochmotiviert sein wirst. Doch du kannst immer etwas tun, um deine Verpflichtungen zu erfüllen.

Ist dir beispielsweise nicht nach Sport zumute, dann entscheide dich, dass du eine Minute lang deine Übungen machst und danach fertig bist. Und selbst, wenn du tatsächlich nur diese eine Minute trainierst, hast du doch einen kleinen Schritt getan und behältst den Schwung bei. ***Dieser kleine Schritt in die richtige Richtung bewirkt, dass du am nächsten Morgen nicht aufwachst und denkst: Ich habe schon gestern nichts gemacht, also muss ich heute auch nichts tun.***

GEWOHNHEIT NR. 29: VERBESSERE DEIN ENERGIENIVEAU. ACHTE AUF DEINEN KOFFEINKONSUM.

Koffein ist ein Geschenk des Himmels für Draufgänger. Doch leider hat alles in diesem Leben seinen Preis. Du kannst deinen Energiepegel nicht unbegrenzt künstlich hoch halten. Koffein kann nützlich sein, wenn du einen Energieschub benötigst. ***Doch wenn du täglich Koffein konsumierst, um es durch den Tag zu schaffen, wirst du mit der Zeit abhängig.*** Anstatt einen Energieschub zu erhalten, musst du plötzlich Koffein konsumieren, um zu verhindern einfach umzufallen.

Zu viel Koffein führt zu Kopfschmerzen, Reizbarkeit, Ruhelosigkeit und Nervosität. Nichts davon ist wirklich förderlich für deine Selbstdisziplin. Doch es kommt noch schlimmer. Wenn du Koffein in den sechs Stunden vor dem Schlafengehen trinkst, leidet deine Schlafqualität und du bist am nächsten Morgen noch müder.

Ist Koffein der Teufel, den du ganz und gar nicht in deinem Leben gebrauchen kannst? Nein, ganz offensichtlich nicht. Profitierst du jedoch davon, deinen Koffeinkonsum unter Kontrolle zu halten? Ein ganz klares Ja.

Ersetze Kaffee durch Kräutertee oder probiere koffeinfreie Alternativen wie Malzkaffee. ***Sogenannte Energy Drinks solltest du gänzlich aufgeben. Im Gegensatz zu Kaffee bieten sie keinerlei Nutzen für unsere Gesundheit, sondern sie stellen ein großes Risiko dar.***

KAFFEE
TEE

GEWOHNHEIT NR. 30: WERDE STARK. WACHSE ÜBER DICH HINAUS.

Regelmäßige körperliche Bewegung gehört zu den wirkungsvollsten Gewohnheiten, die du dir aneignen kannst. Nicht nur, weil du damit deine Gesundheit förderst. Bewegung und Sport eignen sich wunderbar zur Stärkung der eigenen Willenskraft.

Jedes Mal, wenn du eine schwierige Übung durchführst, wie unangenehm sie auch sein mag, wächst du über dich hinaus. Tust du dies regelmäßig, wirst du an körperlicher Stärke und geistiger Kraft zunehmen.

Wachse bei jedem Training über dich hinaus – ganz behutsam. Von Zeit zu Zeit kannst du deine Grenzen stärker überschreiten: sicher und mit Verstand. Wichtig dabei ist, dass es um deine Grenzen geht. ***Vergleiche dich nicht mit anderen.*** Es ist völlig unwichtig, ob du gerade einmal zwei Minuten am Stück laufen kannst, während andere stundenlang ihre Runden drehen. ***Miss dich nur an dir selbst.***

PUSHE

GEWOHNHEIT NR. 31: ANSTRENGUNG FÜHRT ZU ERFOLG. KLEIDE DICH GUT.

Sich gut zu kleiden scheint heutzutage ein Relikt einer längst vergangenen Zeit zu sein. In der heutigen egalitären Welt sollten wir Menschen nach ihrem Verhalten bewerten und nicht nach ihrer Kleidung. Das stimmt zwar, jedoch ändert dies nichts an der Tatsache, dass wir positiver auf gut gekleidete Personen reagieren.

Gute Kleidung ist vielleicht weniger bequem als deine Lieblingskleidung. Doch wie wir bereits häufiger gesehen haben, ist ein wenig Unbehagen die Anstrengung wert. Gut gekleidete Menschen machen einen besseren ersten Eindruck, wirken professioneller, attraktiver und selbstbewusster. Dein äußeres Erscheinungsbild kann sich in hohem Maße darauf auswirken, wie stark du dich innerlich fühlst.

Bedeutet das, dass du jeden Tag einen Anzug bzw. ein Kostüm tragen musst? Seien wir realistisch: Das würdest du niemals tun und es ist auch überhaupt nicht nötig. Solltest du dir jedoch Mühe geben, gut auszusehen – auch zu dem Preis, dass diese Kleidung nicht so bequem ist – vor allem bei wichtigen Terminen oder wenn dein Selbstvertrauen einen kleinen Schub benötigt? Wenn du dies wirklich erreichen möchtest, stellt sich diese Frage nicht.

GEWOHNHEIT NR. 32: SEI VIELSEITIG. ARBEITE AN DEINEN SCHWÄCHEN.

Wenn du deine Stärken einsetzt, weißt du, dass du alles unter Kontrolle hast. Du erledigst die Arbeiten, die dir liegen. Es ist immer schön, wenn alles gut läuft. Im Gegensatz dazu fühlst du dich unwohl, wenn du an deinen Schwächen arbeitest. Dann kommt es zu Frustrationen. Herausforderungen scheinen unüberwindbar.

Du kannst eine Menge lernen, wenn du wiederkehrend Dinge tust, die du nicht wirklich gut kannst. Du eignest dir Durchhaltevermögen an, selbst bei nahezu unüberwindbaren Hindernissen. ***Du lernst Geduld, wenn du eigentlich vor lauter Frustration laut aufschreien möchtest.*** So wirst du zu einem vielseitig gebildeten Menschen.

Erstelle eine Liste mit deinen Schwächen. Frage dich, welche Schwäche deinem Leben am meisten nützen würde, wenn du sie überwinden könntest. Wähle jeden Monat oder jedes Quartal eine Schwäche von deiner Liste aus und arbeite daran.

GEWOHNHEIT NR. 33: STELLE DEIN GLEICHGEWICHT WIEDER HER. GENIESSE DIE NATUR.

Wir sind auf der Suche nach Möglichkeiten, wie wir disziplinierter, energiegeladener und effizienter sein können. Doch manchmal benötigen wir das genaue Gegenteil davon. Wir müssen unser Gleichgewicht wiederherstellen und zu unserem Ursprung zurückkehren: zur Natur.

Verbringe regelmäßig Zeit in der Natur, in einem Park, am Strand, in den Bergen, der Wüste, im Wald oder Dschungel, am Meer oder an einem See. Dies zählt zu den besten Möglichkeiten aufzutanken. Du leistest damit einen wichtigen Beitrag für deine mentale Gesundheit und deine langfristige Leistungsfähigkeit.

Die Unfähigkeit, „herunterzukommen" und stattdessen in einer lauten städtischen Umgebung voller Ablenkungen zu verharren, ist eine Blaupause für das Auftreten von Burnouts. ***Achte darauf, regelmäßig deine Batterien aufzuladen, indem du ein, zwei ruhige Stunden in einer natürlichen, entspannten Umgebung verbringst.***

GEWOHNHEIT NR. 34: ACHTE DARAUF, DASS DU DICH AUF DEM RICHTIGEN WEG BEFINDEST. ÜBERPRÜFE DEINE AUSRICHTUNG.

Selbstdisziplin ist ein Werkzeug, dass dir dabei helfen kann, deine Ziele zu verwirklichen. Dieses Werkzeug ist jedoch nur dann nützlich, wenn du es für seinen spezifischen Zweck einsetzt.

Blinder Starrsinn und das Festhalten an Zielen, an denen du kein wirkliches Interesse mehr hast, ist reine Zeitverschwendung. Doch schlimmer noch, wenn du dir nicht regelmäßig Zeit nimmst und darüber nachdenkst, in welche Richtung dein Leben verläuft, berauben weniger wichtige Ziele dich möglicherweise deiner Ressourcen. Diese fehlen dir dann für die wichtigeren Aspekte in deinem Leben.

Beispielsweise könnte das blinde Streben nach mehr Geld zu Lasten deiner Beziehungen gehen – die um ein Vielfaches wichtiger sind im Leben.

Überprüfe immer wieder deine Ausrichtung. Dies ist eine zentrale Präventivmaßnahme, um Abweichungen zwischen deiner Lebensweise und deinen Werten rechtzeitig zu erkennen. Frage dich ehrlich, ob dir deine Ziele immer noch wichtig sind. ***Ermittle, ob deine täglichen Gewohnheiten in Einklang damit stehen, in welche Richtung du dein Leben lenken möchtest.***

GEWOHNHEIT NR. 35: HALTE ES EINFACH. FINDE DEINE „EINE SACHE".

In ihrem Buch „The One Thing: Die überraschend einfache Wahrheit über außergewöhnlichen Erfolg" beschreiben Gary Keller und Jay Papasan ausführlich, dass die Gewohnheit, die „eine Sache" zu finden und seine Ressourcen darauf zu verwenden, damit einhergeht, sich die folgende Frage zu beantworten:

„Was ist die eine Sache, die ich tun kann und wodurch andere Dinge leichter oder überflüssig werden?

Wirkungsvolle Gewohnheiten in Zusammenhang mit Selbstdisziplin drehen sich nicht nur darum, die eigene Selbstdisziplin als solche zu verbessern, sondern deren Einsatz zu optimieren. Sich dabei auf die Aktivitäten zu konzentrieren, die den größten Nutzen hervorbringen, erfordert weniger Selbstdisziplin. Wenn du dir daher ein neues Ziel setzt, finde deine „eine Sache" und verdopple deinen Eifer. ***So erreichst du mehr und hast Erfolg mit weniger Aufwand.***

1.

GEWOHNHEIT NR. 36: ERSCHAFFE EIN NETZWERK VON GEWOHNHEITEN. ENTWICKLE MOTIVATIONSFAKTOREN.

Ein Motivationsfaktor bildet eine Brücke zwischen einer neuen Gewohnheit und deinem Lebenswandel: deinen Werten, Aktivitäten, den Menschen, bestehenden Gewohnheiten usw. ***Wenn du Motivationsfaktoren für jede neue Gewohnheit entwickelst, schaffst du dir ein solides, sich selbst verstärkendes Netzwerk an Gewohnheiten.***

Beispielsweise könntest du dir angewöhnen, jeden Morgen nach dem Zähneputzen ein paar Dehnungsübungen zu machen. ***Auf diese Weise erinnerst du dich jedes Mal beim Zähneputzen an deine neue Gewohnheit „Dehnungsübungen".***

Oder du verknüpfst eine neue Gewohnheit mit deiner Leidenschaft für eine Sache. Ermittle bestimmte Vorteile, die eine neue Gewohnheit für diese Leidenschaft bietet. Mit einer guten Ernährung könnest du beispielsweise deine Leistung beim Tennis steigern. Höre Podcasts aus dem Bildungsbereich (neue Gewohnheit) beim Laufen (deine Leidenschaft).

Zu guter Letzt könnest du einen Motivationsfaktor schaffen, indem du deine neue Gewohnheit mit einer Person verknüpfst. Verwirkliche eine neue Gewohnheit mit deinem Ehepartner, einer Freundin oder einer anderen lieben Person aus deinem Bekanntenkreis oder verknüpfe die erfolgreiche Umsetzung mit dem positiven Nutzen, den diese neue Gewohnheit auf deine Familie oder deinen Bekanntenkreis haben wird. Wenn du beispielsweise zehn Prozent deines Einkommens sparen möchtest, profitiert davon deine gesamte Familie. Gerade diese eindeutige Verbindung zwischen deinen Ersparnissen und der Versorgung deiner Familie kann den nötigen Motivationsschub bedeuten, der dir hilft, dein Vorhaben zu verwirklichen.

GEWOHNHEIT NR. 37: STELLE DICH SOZIALEM DRUCK. MACHE NEUE FREUNDE.

Der Forscher Albert Bandura, der sich mit der Theorie des sozialen Lernens beschäftigt, hat gezeigt, dass wir uns neue Verhaltensweisen aneignen, indem wir andere beobachten und nachahmen.

Umgib dich mit Menschen, die über Eigenschaften verfügen, die du gerne hättest. Auf diese Weise kannst du deine Ziele schneller erreichen. Freunde dich mit Menschen an, die dich deinen Zielen näher bringen. Dadurch benötigst du weniger Selbstdisziplin und adaptierst die richtigen Verhaltensweisen, einfach, indem du von ihnen umgeben bist.

Wenn du beispielsweise regelmäßig ins Fitnessstudio gehen möchtest, solltest du dich mit Menschen anfreunden, die auch regelmäßig ins Fitnessstudio gehen. So hast du es einfacher, an deinem Ziel festzuhalten, und du stärkst dadurch deine Fitness und Gesundheit.

Da wir vor allem die Verhaltungsweisen, Ansichten und Gewohnheiten der Menschen nachahmen, die uns nahestehen, solltest du dir dein soziales Umfeld sorgfältig aussuchen. ***Achte auf eine positive Umgebung.***

GEWOHNHEIT NR. 38: FÜHLE DICH BESSER. GENIESSE DEN SONNENSCHEIN.

Vitamin D ist ein Hormon, das unser Körper mithilfe von Sonnenlicht bildet. Es wird für gesunde Knochen benötigt, bietet Schutz vor bestimmten Krebsarten und hat einen positiven Einfluss auf unsere Organe, Muskeln, das Immunsystem und das Gehirn. Es hebt die Stimmung und lindert Symptome bei Menschen, die an jahreszeitlich bedingten Depressionen oder dem prämenstruellem Syndrom leiden.

Immer wieder wird betont, dass wir unsere Haut vor schädlicher Sonnenstrahlung schützen müssen. Experten empfehlen, direktes Sonnenlicht zwischen 11:00 und 15:00 Uhr zu meiden und stets Sonnenmilch aufzutragen.

Doch leider ist der Sonnenstand vor 11:00 Uhr bzw. nach 15:00 Uhr zu niedrig, damit unser Körper Vitamin D synthetisieren kann. Die Verwendung von Sonnenschutzprodukten reduziert die Vitamin-D-Synthese des Körpers um 90 Prozent. Das führt dazu, dass viele Menschen unter einem Vitamin-D-Mangel leiden.

Die Einnahme von entsprechenden Vitaminpräparaten kann helfen. Diese verfügen allerdings nicht über dieselbe Wirkung wie die Sonne. ***Die beste Möglichkeit, ausreichend Vitamin D zu bilden, besteht darin, mindestens eine Stunde pro Woche zwischen 11:00 und 15:00 Uhr ungeschützt das Sonnenlicht zu genießen.***

Ein regelmäßiges Sonnenbad in diesem Sinne wirkt sich positiv auf deine Stimmung aus, fördert deine Gesundheit und hilft dir dadurch erfolgreicher zu sein.

GEWOHNHEIT NR. 39: DROSSLE DAS TEMPO. NIMM DIR EIN PAAR TAGE FREI.

Ruhe ist genauso wichtig wie Arbeit. Wer erschöpft und ausgelaugt ist, hat schlechte Karten, irgendetwas zu erreichen. Achte darauf, dass sich dein Körper und Geist erholen können. Das ist ganz entscheidend, wenn du deine Ziele erreichen möchtest.

Plane regelmäßige Ruhephasen ein – gewisse Zeiten, die du für dich und nur für dich reservierst. Nutze diese Zeit zum Meditieren, um ein Nickerchen zu machen, Musik zu hören, spazieren zu gehen, zu lesen oder jede andere Aktivität, bei der du entspannen kannst.

Nach Phasen, in denen du mehr oder intensiver als gewöhnlich gearbeitet hast, solltest du dir eine längere Ruhephase gönnen. Lass auf jede herausfordernde Zeit in deinem Leben eine entsprechende Erholungsphase folgen, damit du neue Kraft tanken kannst.

Martin Meadows
ILLUSTRIERTES HANDBUCH
ZU MEHR SELBSTDISZIPLI
50 Gewohnheiten für mehr Selbstkontrolle, Erfolg und Zufriedenheit in deinem Leben

GEWOHNHEIT NR. 40: STÄRKE DEINE MOTIVATION. VERFÜGE ÜBER MEHRERE MOTIVATOREN.

Verbringst du, wenn du dir neue Ziele setzt, viel Zeit damit herauszufinden, welches deine hauptsächlichen Motivatoren sind, oder improvisierst du einfach und nimmst an, dass du auch zukünftig motiviert sein wirst, weil du es jetzt gerade bist? Falls du tatsächlich über deine Motivation nachdenkst, beschränkst du dich dann auf die vordergründigen Dinge (mehr Geld, besseres Aussehen usw.) oder denkst du auch darüber nach, welche inneren Beweggründe dafür sprechen?

Versuche, für jedes neue Ziel einen höheren Sinn und Zweck zu definieren, und gib dich nicht einfach mit dem zufrieden, was dir als Erstes einfällt. Diese zusätzliche Motivation kann entscheidend dafür sein, ob du dein Ziel erreichst oder nicht. In Momenten des Zweifelns kannst du alle Hilfe gebrauchen, die du kriegen kannst. Und wenn deine hauptsächliche oder einzige Motivation daher rührt, dass du andere beeindrucken möchtest, sieht es nicht gut für dich aus.

Schreibe alle Motivatoren auf: die vordergründigen, die versteckten sowie den positiven Einfluss, den du auf andere haben kannst. Überprüfe deine Motivatoren von Zeit zu Zeit. ***So kannst du dich daran erinnern, warum du dieses Opfer bringst.***

Hebe deine Verpflichtung auf das nächste Level und beteilige andere Personen an deinem Ziel. Teile beispielsweise deine Bemühungen in den sozialen Netzwerken: Du möchtest abnehmen, um an einem Marathonlauf teilzunehmen und dadurch Geld für eine gemeinnützige Organisation zu sammeln.

1
OHNE
ZUCKER

GEWOHNHEIT NR. 41: SCHAFFE DRINGLICHKEIT. SETZE DIR KURZE FRISTEN.

Das Parkinson-Gesetz besagt, dass sich Arbeit in genau dem Maße ausdehnt, wie Zeit dafür zur Verfügung steht. Wenn du einen Bericht bis Montag fertigstellen sollst, brauchst du genau diese Zeit bis Montag, um damit fertig zu werden. Falls du diesen Bericht plötzlich bereits am Freitag abgeben musst, schaffst du es bis Freitag.

Schaffe Dringlichkeit. Du steigerst damit deine Selbstdisziplin. Wenn du nur eine begrenzte Zeit zur Verfügung hast, kannst du es dir nämlich nicht leisten, deine Zeit zu vertrödeln. Du kannst Dinge nicht aufschieben. ***Du kannst dich nicht wie besessen jedem einzelnen unwichtigen Detail widmen.***

Setze dir bei der Planung deiner Aufgaben kürzere Fristen, als dir lieb sind. Auf diese Weise nutzt du die Macht der Dringlichkeit, verbesserst deine Produktivität und stärkst deine Selbstdisziplin. Denke jedoch daran, dass zu viel Druck zu einem Burnout führen kann. Von Zeit zu Zeit solltest du daher einen Gang zurückschalten.

1 HELPING PROCESS
2 PEOPLE'S PEOPLE
3 HOPE

GEWOHNHEIT NR. 42: MOTIVIERE DICH, JETZT ZU HANDELN. DENKE AN DEINEN TOD.

Sieh dich um, wenn du das nächste Mal unter Menschen bist. Falls die Menschheit nicht irgendeine bahnbrechende Technologie entwickelt, wird jeder, den du siehst – du selbst eingeschlossen – innerhalb der nächsten 120 Jahre durch jemand anderen ersetzt worden sein.

Warum so trübsinnig? Weil genau diese Übung dir helfen kann, ein besseres Leben zu führen.

Du kannst angesichts deines unausweichlichen Todes in Traurigkeit versinken oder dies zu deinem Vorteil nutzen und dich fröhlich daran erinnern, dass du die Kontrolle darüber hast, in welche Richtung sich dein Leben entwickelt.

Eines Tages wird alles vergangen sein. Doch solange du noch Einfluss auf dein Leben hast, warum machst du nicht das Beste daraus? Wenn du von Zeit zu Zeit an deinen Tod denkst, kann dies auf wirkungsvolle Weise dazu führen, dass du Dinge nicht länger aufschiebst und stattdessen eine positive Dringlichkeit in deinem Leben Einzug hält.

Du kannst diese Art der Visualisierung nutzen, um dir mehr Wertschätzung entgegenzubringen. ***Selbst wenn nicht alles so läuft, wie du es dir vorstellst, bist du immer noch am Leben und kannst entscheiden, was für ein Leben du führen möchtest.***

Als zusätzliche Übung kannst du dir deine Beerdigung vorstellen. Frage dich, was du gerne von anderen Menschen zu diesem Anlass über dich hören möchtest. Tragen deine gegenwärtigen Entscheidungen dazu bei oder führen sie in eine andere Richtung? ***Was kannst du jetzt tun, um anderen über deinen Tod hinaus in guter Erinnerung zu bleiben?***

RIP

GEWOHNHEIT NR. 43: GENIESSE DIE REISE. HAB FREUDE.

Wenn du an deinen Zielen arbeitest, sollte dir das nicht wie eine lästige Pflicht vorkommen. Natürlich musst du nicht jeden einzelnen Schritt lieben, aber du kannst in jeder Phase etwas finden, das dir Freude bereitet. Auf diese Weise musst du weniger Selbstdisziplin aufbringen und erreichst trotzdem deine Ziele.

Falls du mit einer langweiligen, monotonen Arbeit beschäftigt bist, mache daraus ein Spiel, dessen Ziel es ist, die Arbeit so schnell wie möglich zu erledigen. Wenn du mehr Sport treiben möchtest, beschränke dich nicht auf die üblichen Möglichkeiten. Entdecke verschiedene Sportarten und Aktivitäten. ***Noch mehr Spaß macht es, wenn du dabei nicht allein bist, sondern neue Möglichkeiten mit Gleichgesinnten entdeckst.***

Experimentiere und verknüpfe verschiedene Dinge. Dadurch hältst du deine Motivation aufrecht und vermeidest Eintönigkeit. Eine gesunde Ernährung ist abwechslungsreich und muss sich nicht auf die immer gleichen Nahrungsmittel beschränken. Der Aufbau von Ersparnissen muss nicht bedeuten, dass du überall knausern musst. ***Das Erlernen einer neuen Fähigkeit muss sich nicht auf das Lesen langweiliger Bücher und stupides Auswendiglernen beschränken.***

Tue das, was du kannst, und versuche Wege zu finden, die dir helfen, deine Ziele mit Spaß zu erreichen. Je weniger du dich auf deine Willensstärke verlassen musst, desto leichter wirst du deine Ziele erreichen.

GEWOHNHEIT NR. 44: BEWAHRE DEINE ERKENNTNISSE. FÜHRE EIN FORTSCHRITTSTAGEBUCH.

Führe ein Fortschrittstagebuch, indem du deine Beobachtungen und Erkenntnisse festhältst. Lies regelmäßig darin. Auf diese Weise kannst du effizienter lernen und vermeiden, ein und dieselben Fehler immer wieder zu begehen.

Ein Fortschrittstagebuch ist vor allem dann nützlich, wenn du dich gesünder ernähren möchtest. Du kannst beispielsweise aufschreiben, wie satt du dich nach einer Mahlzeit oder wie schlecht du dich gefühlt hast, nachdem du Unmengen ungesunder Nahrungsmittel in dich hineingeschaufelt hast. Halte nützliche Tipps fest, die dich motivieren, auf deinem Weg zu bleiben.

Führe ein Sporttagebuch, ein Schlaftagebuch oder ein Tagebuch, in dem du deine Fortschritte im Kampf gegen schlechte Angewohnheiten festhältst. Nützlich ist außerdem ein Tagebuch, in dem du dir alle Fähigkeiten notierst, über die du gern verfügen möchtest. Halte deine Ergebnisse fest und lies diese Aufzeichnungen häufig. ***So erinnerst du dich an wichtige Lektionen, die du gelernt hast, und erhältst die nötige Inspiration, deine Ziele unbeirrt weiter zu verfolgen.***

GEWOHNHEIT NR. 45: SEI VERLÄSSLICH. HALTE WORT.

Wenn du häufig gegebene Versprechen nicht einhältst, sehen nicht nur andere dich als unzuverlässig an. Auch du selbst gewinnst diesen Eindruck. ***Wenn du Versprechen anderen gegenüber nicht einhalten kannst, wie wahrscheinlich ist es dann, dass du Versprechen einlöst, die du dir selbst gegeben hast?***

Wer nicht Wort hält, mindert sein Selbstvertrauen. Dadurch sinkt die Wahrscheinlichkeit, dass du konsequent an deinen Zielen arbeitest und diese erreichst. ***Halte deine Versprechen – egal, ob du sie anderen oder dir selbst gegeben hast.***

Hast du dir beispielsweise vorgenommen, einen Tag lang keine industriell verarbeiteten Lebensmittel zu essen, halte Wort und iss sie nicht, unabhängig davon, wie sehr es dir danach gelüstet. Schließe bei jedem neuen Ziel einen Vertrag mit dir selbst. Drucke den Vertrag aus, unterschreibe ihn und platziere ihn irgendwo, wo du ihn häufig siehst. Sei pünktlich. Auch bei Pünktlichkeit geht es um das Einhalten eines gegebenen Versprechens.

Wenn du wiederholt deine Versprechen dir selbst und anderen gegenüber einhältst, baust du dir eine neue Identität einer verlässlichen – und im weiteren Sinne disziplinierten – Person auf.

GEWOHNHEIT NR. 46: SEI FLEXIBEL. DEHNE DICH UND STEIGERE DEINE BEWEGLICHKEIT.

Es besteht eine Verbindung zwischen Dehnungsübungen, Beweglichkeit und Selbstdisziplin. Es bedarf Willensstärke, um über mehrere Wochen immer wieder unangenehme Dehnungsübungen durchzuführen, die die eigene Beweglichkeit fördern. Wenn du an deiner Beweglichkeit arbeitest, wächst du gleichzeitig über dich hinaus und überschreitest deine körperlichen Grenzen. Du stellst das Gleichgewicht in deinem Körper wieder her und wächst geistig.

Übungen mit der Faszienrolle (Foam Rolling) bzw. das Ausüben von Druck auf bestimmte Körperteile, um Spannungen abzubauen und Schmerzen zu lindern, ist eine weitere Gewohnheit, die du in deinen Tagesablauf integrieren solltest. Du benötigst dafür nur einen doppelten sowie einen einfachen Lacrosse-Ball. Mit diesen beiden Hilfsmitteln kannst du alle wichtigen Muskelpartien massieren.

Am besten führst du Dehnungsübungen bzw. Übungen zur Verbesserung deiner Beweglichkeit direkt nach deinem Workout durch. Bei hartnäckigen Verspannungen solltest du einen Physiotherapeuten aufsuchen. Dieser kann die Verspannungen, die dich in deiner Mobilität behindern, sanft lösen.

GEWOHNHEIT NR. 47: ZÖGERE NICHT. SEI ENTSCHEIDUNGSFREUDIG.

Wann immer du zögerst, verschwendest du Zeit und Energie. Vermeide, deine Ressourcen zu verschwenden. Gewöhne dir an, nicht länger als eine Minute für Entscheidungen von geringer Bedeutung zu benötigen.

Trainiere deine Entscheidungsfreudigkeit im Alltag, beispielsweise im Restaurant. Entscheide dich für das erste Gericht auf der Karte, das du magst. Verschwende nicht Unmengen an Zeit, um zu entscheiden, welches Kleidungsstück du heute trägst. Stelle dir mehrere universell tragbare Outfits zusammen und entscheide dich für das erste, das du magst. Wenn du etwas Belangloses wie Toilettenpapier kaufst, vergleiche nicht stundenlang die verschiedenen Optionen.

Stelle dir einfache Regeln auf, die dir den Entscheidungs--prozess abnehmen. Zum Beispiel: Wenn ein interessant klingendes Buch überwiegend positive Rezensionen hat und weniger als 10 EUR kostet, kaufst du es.

Spare Zeit und Energie bei Entscheidungen, die keinen großen Unterschied machen. So hast du mehr Ressourcen für die wirklich wichtigen Entscheidungen in deinem Leben.

MENU

GEWOHNHEIT NR. 48: MACHE KLEINE SCHRITTE. BAUE KLEINE GEWOHNHEITEN AUF.

Nutze kleine Gewohnheiten, bevor du dich zu etwas Großem verpflichtest. Es ist völlig unnötig, deine Ernährung von heute auf morgen vollständig umzukrempeln. ***Fang klein an und schaue, wie du dich dabei fühlst. Bist du mit dem Ergebnis zufrieden, mache weiter.***

Nehmen wir einmal an, du möchtest jeden Tag 30 Minuten Sport treiben. Du schiebst diese Gewohnheit jedoch schon seit Monaten vor dir her. Zeit ist knapp und auch deine Energieressourcen sind begrenzt.

Anstatt mit einer derartig großen Verpflichtung zu beginnen, fängst du klein an. Mache jeden Tag fünf Minuten ein paar kleinere Übungen. Das ist immer noch zu viel? Dann vielleicht nur eine Minute jeden Tag. Kannst du das schaffen? Wenn auch das noch zu viel ist, wie sieht es dann mit 30 Sekunden aus?

Es kommt einzig und allein darauf an, dass du beginnst. ***Ganz gleich, wie klein der Schritt ist, du hast ihn getan.*** Das würde vielleicht nie passieren, wenn du weiterhin auf ideale Bedingungen wartest, um dein eigentliches Ziel anzugehen.

Wenn du deine neue kleine Gewohnheit ein paar Wochen lang gefestigt hast, erkennst du, dass es nicht schwer ist, jeden Tag ein paar Minuten länger Sport zu machen. Schon bald wirst du jeden Tag zehn Minuten in deinen Tagesablauf integrieren können. Dann stellst du fest, dass sogar zwanzig Minuten möglich sind. Und selbst wenn es mehrere Monate dauert, irgendwann sind es die 30 Minuten, die du dir ursprünglich vorgenommen hattest.

GEWOHNHEIT NR. 49: LERNE DEINE EMOTIONEN ZU KONTROLLIEREN. STIMME ÜBEREIN, NICHT ÜBEREINZUSTIMMEN.

Die mit Abstand schwierigste Herausforderung für die eigene Willenskraft besteht darin, eine aufgeheizte Diskussion zu beenden, bevor jemand die Beherrschung verliert. Verständlicherweise unternehmen manche Menschen bei bestimmten Themen große Anstrengungen, andere von ihrer Meinung zu überzeugen. Diese Herangehensweise ist leider nie produktiv. ***Vielleicht befindest du dich sogar ohne jeden Zweifel im Recht. Doch ganz gleich, was du versuchst, du kannst die Meinung eines anderen nicht mit Gewalt ändern.***

Und wenn das Unterfangen von Anfang an zum Scheitern verurteilt ist, warum solltest du dir dann überhaupt die Mühe machen? ***Nutze die nächste Diskussion bzw. den nächsten Streit und frage dich: Was will ich hier bezwecken?*** Würde ich meine Meinung ändern, wenn mich jemand auf diese Weise angreift?

Atme tief durch und stimme überein, nicht übereinzustimmen. Wenn dein Gegenüber weiter auf eine Diskussion besteht, dränge höflich darauf, das Thema zu wechseln. Ist auch dies nicht möglich, bewahre Haltung und gehe einfach weg.

Die Fähigkeit, deine eigenen Emotionen unter Kontrolle zu halten, gehört zu den wertvollsten Fähigkeiten, die sich ein Mensch für ein glücklicheres Leben aneignen kann. Sieh von nun an jedes Streitgespräch als eine Möglichkeit, dich nicht für den leichten Weg zu entscheiden, sondern es mit Würde zu beenden – mit deinen Gefühlen unter Kontrolle, deinem Ruf nicht beschädigt und deiner Selbstdisziplin gestärkt.

GEWOHNHEIT NR. 50: ERSCHAFFE DIR DEINE ZUKUNFT. VISUALISIERE.

Damit etwas geschieht, musst du daran glauben, dass es geschehen kann. Wenn du deine Zukunft visualisierst, wandelt sich der unwahrscheinliche Traum in deinem Kopf in ein klares Bild vor deinem geistigen Auge, das Wirklichkeit wird, wenn du daran arbeitest.

Stell dir jeden Morgen vor, du hättest deine Ziele bereits verwirklicht. Wie würde dein Alltag aussehen? Denke über die Entscheidungen und Opfer nach, die dieses zukünftige Ich auf sich genommen haben muss, um dort angelangt zu sein. Visualisiere die Gewohnheiten, die Fähigkeiten und die Wesenszüge, die dich auszeichnen würden.

Lass diese Vorstellung zu einer Realität vor deinem geistigen Auge werden und folge deiner Vision, in dem du die nötigen Schritte einleitest. Durch Visualisierung kannst du deinen Glauben daran stärken, dass du dein Leben ändern kannst. Außerdem erhältst du dadurch die notwendige Klarheit, welche Entscheidungen du treffen musst, um dein Ziel zu erreichen.

NACHWORT

Fünfzig Gewohnheiten später befinden wir uns nun hier, am Ende unserer Reise. Auch wenn dieses Buch hier endet, deine Geschichte steht noch ganz am Anfang. Du kannst sie in jede Richtung lenken, die du möchtest.

Ich hoffe, dass du in diesem Buch nicht nur Gedankenanstöße entdeckt hast, die dir dabei helfen, dein Leben zu verbessern. Ich hoffe, dass dir außerdem die Illustrationen gefallen haben und dich diese ebenfalls inspirieren, tatkräftig ans Werk zu schreiten.

Könntest du bitte die Botschaft in die Welt hinaustragen, dass in Selbstdisziplin eine lebensverändernde Kraft liegt?

Zeige dieses Buch im Familien- und Freundeskreis herum. Sprich mit deinen Kindern darüber, wie wichtig Selbstdisziplin ist. Sei ein gutes Vorbild und strebe danach, dich in allen Bereichen deines Lebens zu verbessern.

Hinterlasse der Welt – Gewohnheit für Gewohnheit – deine Fußstapfen. Zeige mit deinen Ergebnissen, dass sich Selbstdisziplin auszahlt und der Schlüssel zu einem erfüllten und erfolgreichen Leben ist. Vergiss nicht, deine Dankbarkeit zum Ausdruck zu bringen und genieße das nie endende persönliche Wachstum!

MELDE DICH FÜR MEINEN NEWSLETTER AN

Wenn ich dich auf dem Laufenden halten darf und du von meinen Neuerscheinungen und anderen Informationen rund um meine Bücher erfahren möchtest, melde dich bitte für meinen Newsletter an.

Hier kannst du dich dafür eintragen:
http://www.profoundselfimprovement.com/denews

EINE BITTE ZUM SCHLUSS

Ich würde gern deine Meinung zu meinem Buch erfahren. Auf dem viel umkämpften Büchermarkt sind nur wenige Dinge so wichtig, wie die ehrlichen Rezensionen von vielen verschiedenen Lesern.

Deine Rezension kann anderen Menschen bei der Entscheidung helfen, ob dieses Buch etwas für sie ist. Außerdem trägst du dazu bei, dass ich mehr potentielle Leser erreiche, da sich die Sichtbarkeit meines Buches verbessert.

Bitte schreibe deine Rezension auf der Seite, auf der du mein Buch erworben hast, oder in den sozialen Netzwerken, in denen du unterwegs bist.

ÜBER MARTIN MEADOWS

Martin Meadows ist ein Bestsellerautor für Persönlichkeitsentwicklung und schreibt über Selbstdisziplin und die ihr inne liegende transformative Kraft. Damit möchte er Menschen helfen, erfolgreich zu werden und ein erfüllteres Leben zu führen. Mit seinem direkten Ansatz teilt er leidenschaftlich gerne Tipps, Gewohnheiten und Ressourcen zur Selbstentwicklung durch eine Kombination aus wissenschaftlich fundierter Forschung und persönlicher Erfahrung.

Martin selbst hat durch Selbstkontrolle seine außerordentlich große Schüchternheit überwunden, erfolgreiche Unternehmen aufgebaut, mehrere Sprachen erlernt und ist ein Bestsellerautor geworden. Er hat sich dem lebenslangen Lernen verschrieben und erforscht gern die Grenzen seiner Komfortzone, indem er sich extremen Experimenten und Abenteuern aussetzt. Dazu gehören verschiedene Sportarten sowie wilde und exotische Orte.

Martin schreibt unter einem Pseudonym. So kann er sich darauf konzentrieren, seinen Lesern durch Schreiben zu helfen und wird nicht abgelenkt, indem er nach Anerkennung sucht. Er glaubt nicht daran, sich als ein unfehlbarer Experte darzustellen (der er nicht ist). Stattdessen hat er sich dafür entschieden, Vorschläge und Lösungen als Experte für das persönliche Wachstum mit all den damit verbundenen Misserfolgen und Erfolgen anzubieten.

Hier kannst du seine Bücher lesen:
https://www.amazon.de/-/e/B00U97LQGG.

Illustrationen: Tamara Antonijevic

Übersetzung: Claudia Kull

 Der Autor weiß deine Zeit sehr zu schätzen, die du dir für das Lesen seines Buches genommen hast. Bitte erwäge eine Rezension auf der Website zu hinterlassen, auf der du das Buch erworben hast, oder erzähle deinen Freunden davon, um die Kunde zu verbreiten. Vielen Dank für die Unterstützung unserer Bemühungen.

Wir haben große Anstrengungen unternommen, um sicherzustellen, dass die Informationen in diesem Buch korrekt und vollständig sind. Der Autor und der Herausgeber übernehmen jedoch keine Gewähr für die Richtigkeit der in dem Buch enthaltenen Informationen, Texte und Grafiken aufgrund der sich schnell ändernden Natur von Wissenschaft, Forschung, bekannten und unbekannten Fakten und dem Internet. Der Autor und der Herausgeber übernehmen keine Verantwortung für Fehler, Auslassungen oder gegenteilige Interpretationen der Inhalte. Dieses Buch dient ausschließlich Motivations- und Informationszwecken.

www.ingramcontent.com/pod-product-compliance
Lightning Source LLC
LaVergne TN
LVHW070154230826
846093LV00003B/21
9788395298790